Bonjour Chérie,

Nous vous remercions de votre commande,
Merci de magasiner avec nous.
J'espère que nous pourrons obtenir des commentaires
positifs de votre part;)
Passez une bonne journée!

Honey

I am cat
I love mom!

Jackal

Wolf

hi

Fabulou

YEAH

Chihuahua

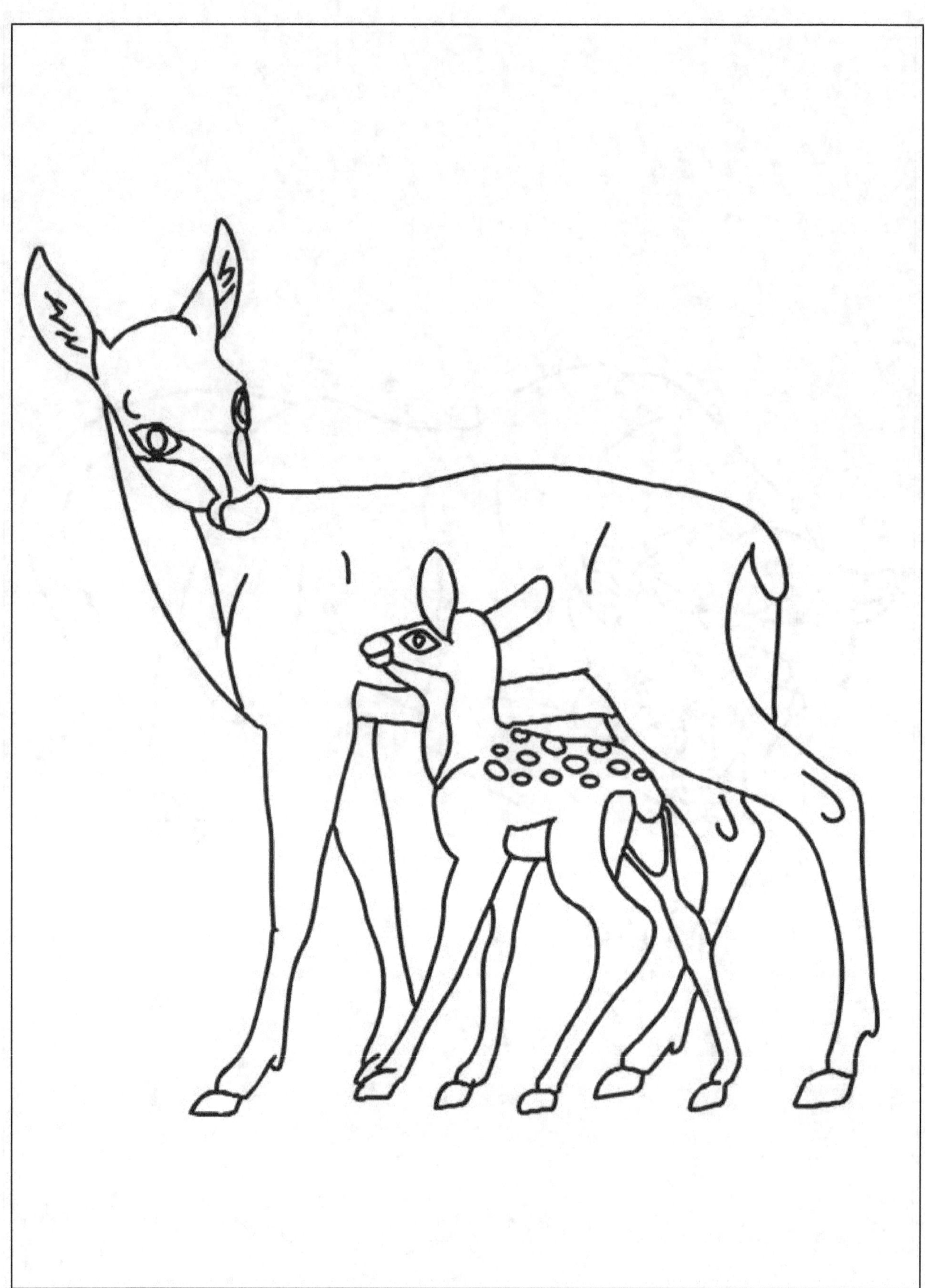

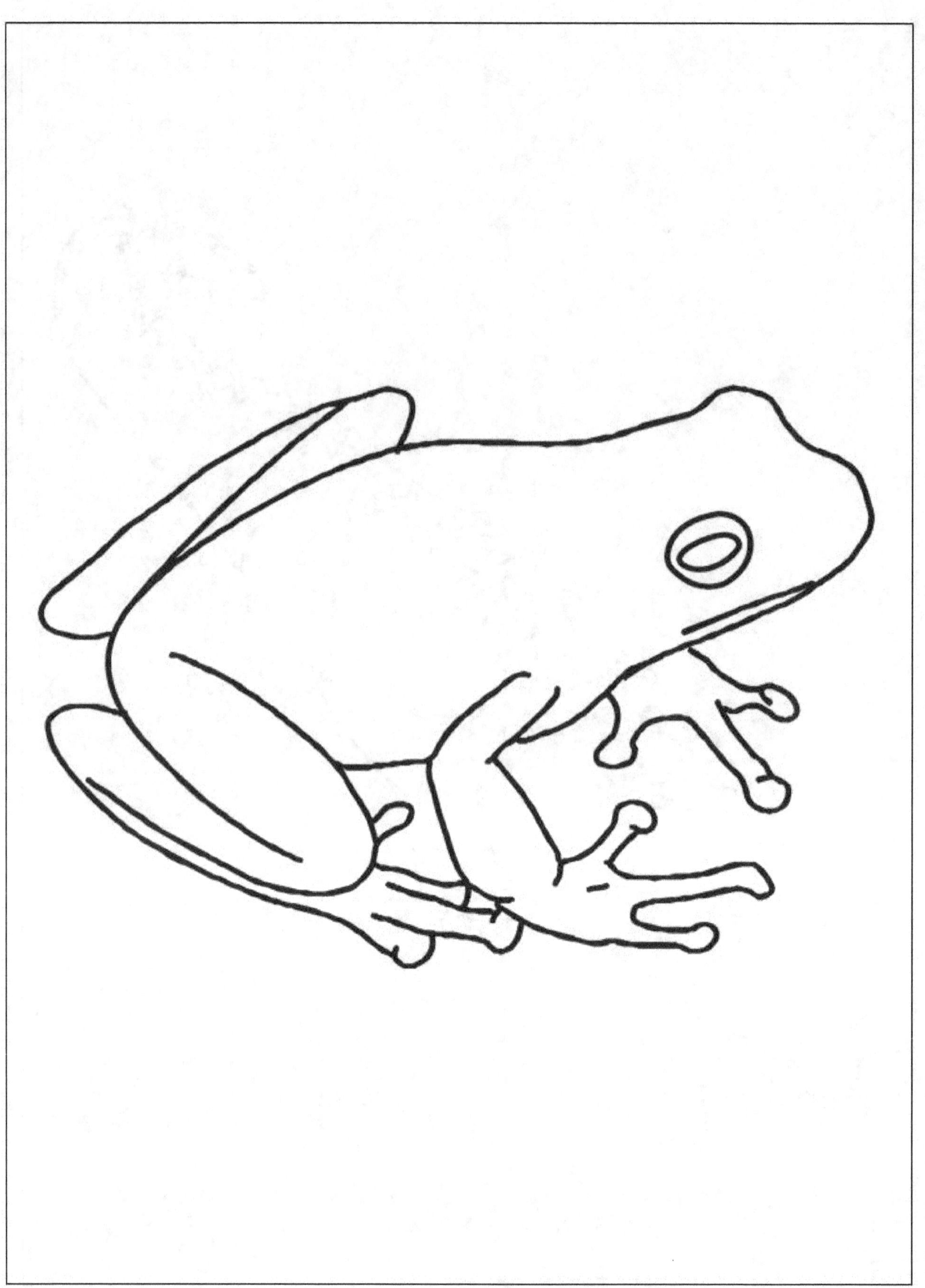

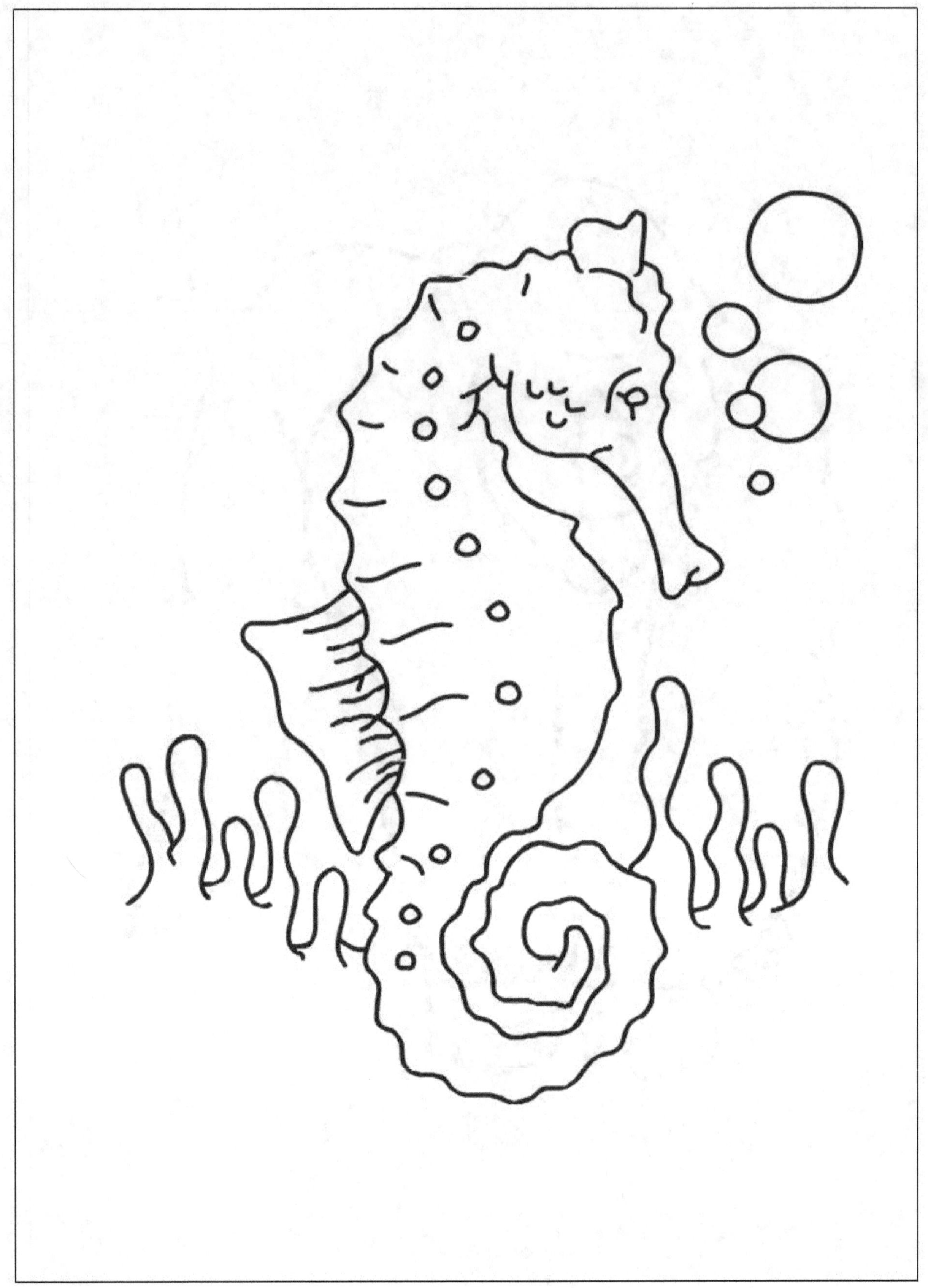

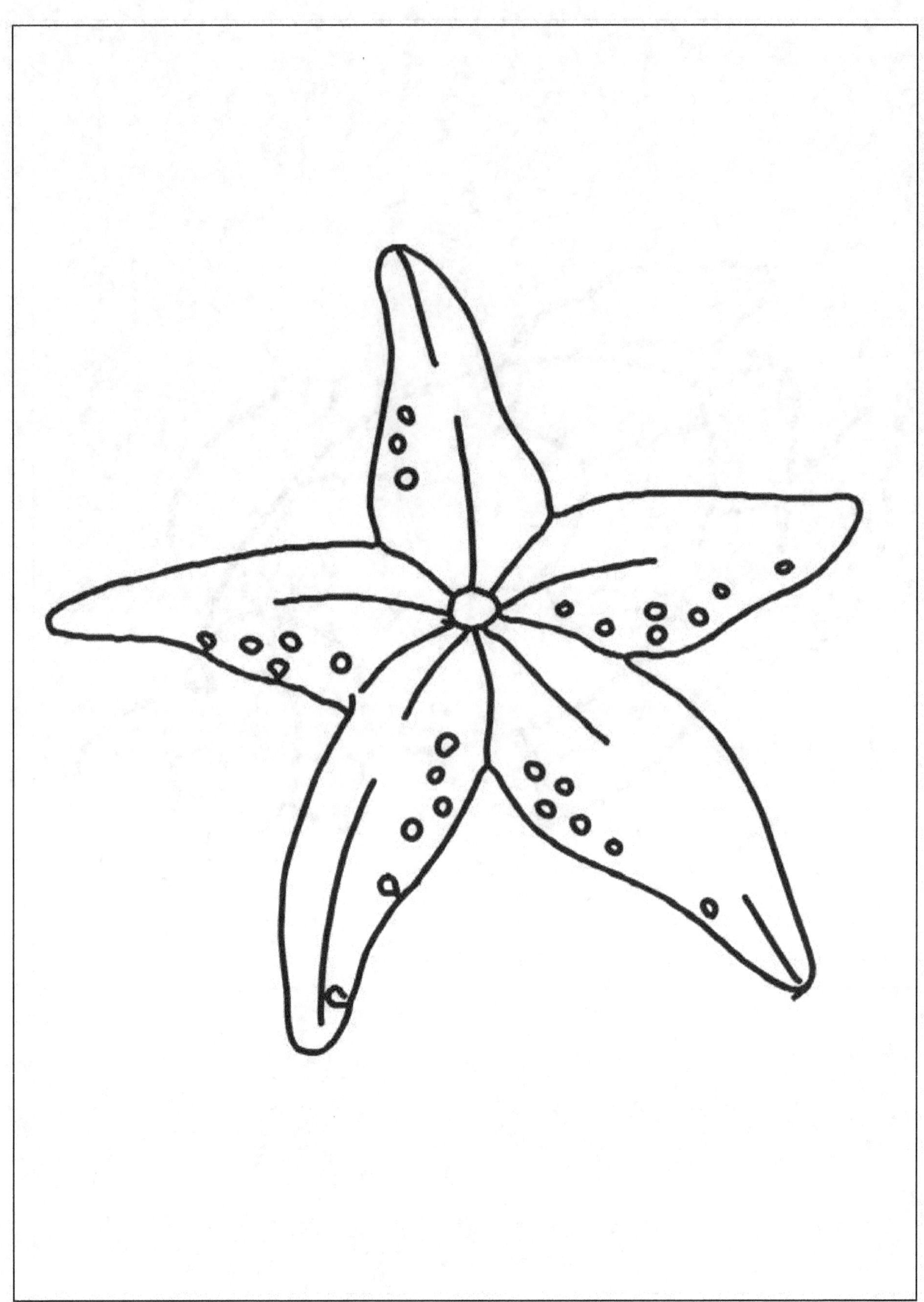

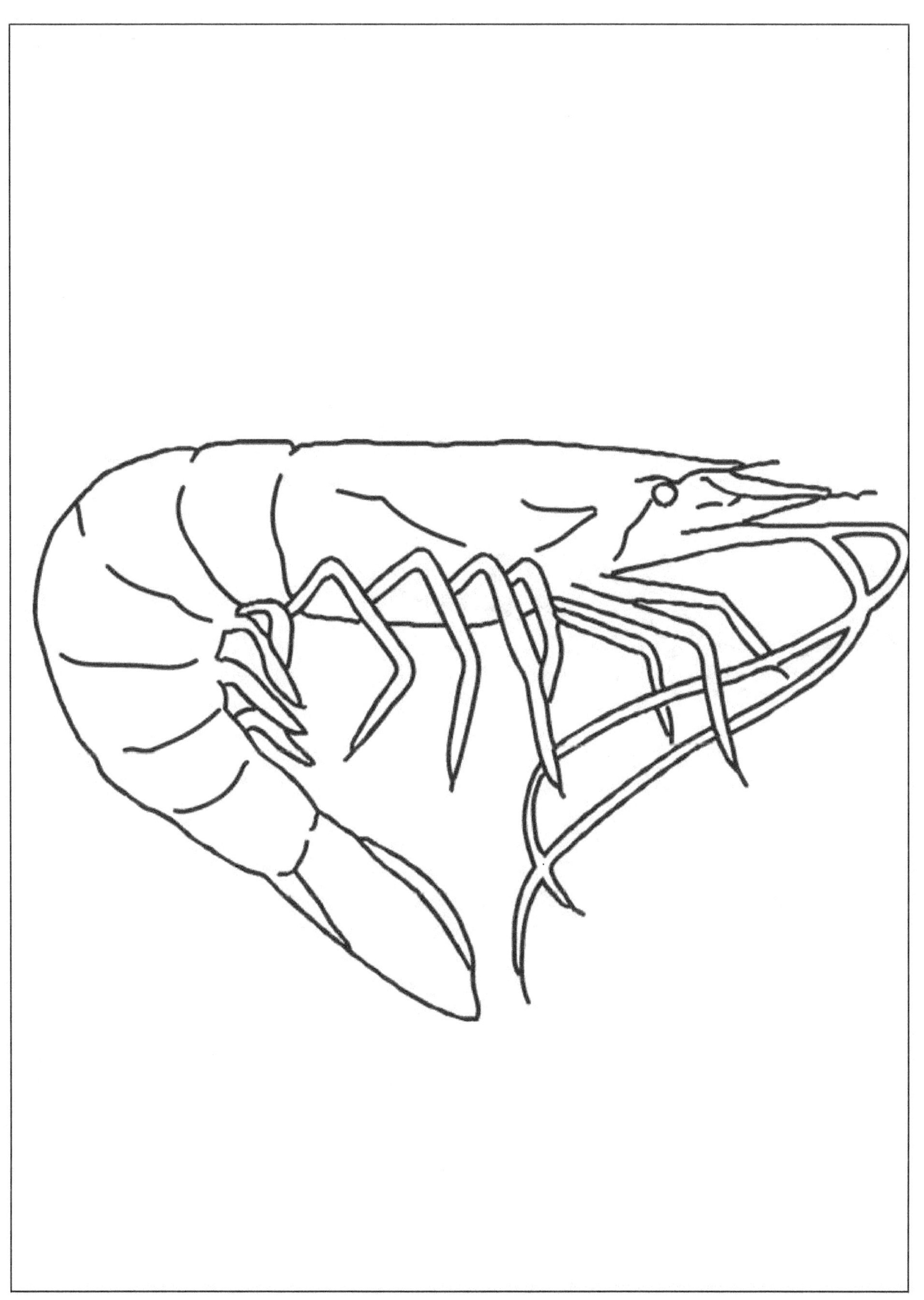

www.ingramcontent.com/pod-product-compliance
Lightning Source LLC
Chambersburg PA
CBHW081404130726
47998CB00011B/3061